Connais-tu

Charlie Chaplin

Connais-tu

Charlie Chaplin

Textes : Johanne Ménard
Illustrations et bulles : Pierre Berthiaume

ÉDITIONS
MICHEL
QUINTIN

Catalogage avant publication de Bibliothèque et Archives nationales du Québec et Bibliothèque et Archives Canada

Ménard, Johanne, 1955-

   Charlie Chaplin

   (Connais-tu? ; 8)
   Pour les jeunes de 8 ans et plus.

   ISBN 978-2-89535-528-2

   1. Chaplin, Charlie, 1889-1977 - Ouvrages pour la jeunesse. 2. Acteurs de cinéma - États-Unis - Biographies - Ouvrages pour la jeunesse. I. Berthiaume, Pierre, 1956- . II. Titre. III. Collection: Connais-tu? ; 8.

PN2287.C5M46 2012   j791.4302'8092   C2012-940401-2

Collaboration spéciale: Maude Ménard-Dunn
Révision linguistique: Paul Lafrance
Conception graphique: Céline Forget
Infographie: Marie-Ève Boisvert

Le Conseil des Arts du Canada
The Canada Council for the Arts

SODEC
Québec

Patrimoine canadien   Canadian Heritage

La publication de cet ouvrage a été réalisée grâce au soutien financier du Conseil des Arts du Canada et de la SODEC.

De plus, les Éditions Michel Quintin reconnaissent l'aide financière du gouvernement du Canada par l'entremise du Fonds du livre du Canada pour leurs activités d'édition.

Gouvernement du Québec – Programme de crédit d'impôt pour l'édition de livres – Gestion SODEC

ISBN 978-2-89435-528-2
Dépôt légal –Bibliothèque et Archives nationales du Québec, 2012
          Bibliothèque et Archives Canada, 2012

Éditions Michel Quintin
C. P. 340, Waterloo (Québec)
Canada J0E 2N0
Tél.:   450 539-3774
Téléc.: 450 539-4905
editionsmichelquintin.ca

12 - GA - 1

Imprimé au Canada

Le petit Charles naît en 1889. Il a de qui tenir.
Ses deux parents sont des artistes de music-hall.

Tout petit, sa mère l'emmène déjà avec elle dans les théâtres de Londres où elle joue.

À trois ans et demi, Charlie envie déjà les talents de magicien de son grand frère de sept ans. Sydney peut « avaler » une pièce de monnaie et la ressortir

derrière sa nuque. Charlie veut l'imiter et avale une pièce pour vrai! On doit faire venir le médecin.

Le père de Charlie ne vit plus à la maison et boit
de plus en plus. Sa mère chante, danse et fait des
imitations, mais elle a de gros problèmes avec sa voix.

Elle souffre, mais ne peut arrêter de travailler car elle doit gagner des sous.

Un soir, c'est la catastrophe. Sa voix se brise et les spectateurs se mettent à la huer. Le petit Charlie, âgé de cinq ans, va remplacer sa mère sur la scène.

Les spectateurs trouvent Charlie très drôle et une pluie de pièces de monnaie tombe bientôt sur la scène.

La mère de Charlie ne peut plus chanter et l'argent commence à manquer. Charlie ne mange pas

toujours à sa faim. Lui et son frère sont même placés pour un temps à l'orphelinat, et sa mère à l'asile.

Une fois de retour à la maison, Charlie reprend l'école. Un jour qu'il récite un poème à ses camarades, son professeur le trouve tellement drôle

qu'il lui fait faire le tour des classes pour le répéter. C'est un moment dont Charlie se souviendra toute sa vie.

Charlie n'a que huit ans quand il est engagé
dans une troupe de jeunes danseurs à claquettes
appelée les Huit Gars du Lancashire.

Mais le jeune artiste rêve plutôt de devenir comédien ou de faire un numéro comique.

À la maison, c'est la misère, et la santé mentale de la mère de Charlie est fragile. Charlie fait toutes sortes de petits boulots pour rapporter de quoi manger.

Il est tour à tour vendeur de journaux, garçon de courses, ouvrier d'imprimerie, fabricant de jouets, fendeur de bois, et bien d'autres choses encore.

Un jour, sa mère est à nouveau amenée à l'asile.
À 12 ans, Charlie se débrouille tout seul.

Son grand frère est parti travailler sur un bateau et Charlie ne veut pas être renvoyé à l'orphelinat.

Charlie rêve toujours de devenir comédien. À 14 ans, il s'inscrit dans une agence et la chance lui sourit enfin.

Il est engagé pour jouer le petit coursier de Sherlock Holmes dans une pièce qui part en tournée.

Puis, les petits rôles se succèdent. Les comédiens plus expérimentés lui apprennent leurs trucs.

Charlie a du succès, car il excelle à faire rire par ses expressions et son physique.

À 21 ans, c'est le départ pour l'Amérique ! Charlie joue dans une troupe renommée qui va faire une grande tournée. Il découvre d'abord New York,

et surtout Broadway. Le quartier des spectacles le fascine avec ses affiches, ses lumières et son effervescence.

Le jeune homme découvre les grandes villes
américaines l'une après l'autre, mais Charlie se lasse
des théâtres miteux et de sa vie de comédien

de seconde classe. Sa vie va bientôt changer quand il reçoit une offre de la compagnie Keystone, en 1914, pour jouer dans des films.

À l'époque du cinéma muet, l'expression du
visage et la façon de bouger ont une grande
importance. Charlie a déjà une bonne expérience

de la pantomime, grâce à tous les spectacles dans lesquels il a fait rire seulement par les gestes, la mimique.

Un jour, son nouveau patron lui demande de se déguiser pour faire quelques gags. Un pantalon trop grand, une veste trop petite, de longues chaussures

aplaties, un chapeau melon, une canne qui plie et une petite moustache pour se vieillir un peu : le personnage de Charlot est né ! Il est à la fois vagabond et gentleman.

Les petits films courts, où l'on se donne plein de
taloches et qui finissent toujours par une poursuite,
ne satisfont pas Charlie Chaplin.

Il voudrait de vraies histoires qui mettent en valeur la personnalité des acteurs.

Charlie décide donc d'écrire ses propres scénarios, qui chaque fois mettent en vedette Charlot le vagabond. Sous ses airs innocents, son personnage

de clochard trouve toujours le tour de se moquer des prétentieux et de tourner en ridicule les riches qui méprisent les pauvres.

Le public trouve ses films hilarants, mais les autorités commencent à trouver Charlie moins drôle car il se

moque souvent des représentants du gouvernement
et de la police. On l'a à l'œil et on fouille sa vie privée.

Charlie gagne de plus en plus d'argent car il est
devenu très populaire. Être une grande star lui plaît

bien. Mais il se sent souvent très seul et trouve la vie de vedette superficielle.

Comédien, mais aussi scénariste, réalisateur et compositeur de musique, il est partout sur le plateau de cinéma. Très exigeant, il voit au moindre détail.

Comme beaucoup de vedettes, sa vie sentimentale
est plutôt compliquée. Ses histoires d'amour avec

de jeunes actrices se termineront parfois de façon houleuse.

En 1919, exaspéré de travailler pour d'autres producteurs, Charlie Chaplin décide de fonder sa propre maison de production, United Artists,

avec trois autres vedettes. À 30 ans, il a déjà
participé à plus de 70 films.

En 1921, *Le kid* connaît un immense succès. Le film raconte les aventures d'un vagabond qui recueille un enfant abandonné et s'attache à lui. Les deux survivent comme ils peuvent, jusqu'au jour où les

policiers placent l'enfant à l'orphelinat. Le gamin
retrouve finalement sa mère, devenue riche, et
Charlot va demeurer avec eux. Charlie Chaplin sait
faire rire, mais aussi attendrir.

La ruée vers l'or, réalisé en 1925, est souvent
considéré comme son chef-d'œuvre. Dans ce film,
Charlot se fait prospecteur d'or. Dans la neige et

le froid, le vagabond vit toutes sortes de péripéties.
Seul et rejeté, il est la risée de tous. Il finit cependant
millionnaire et retrouve son grand amour.

Pendant la Grande Crise, Chaplin est touché par le chômage et les conditions de travail difficiles des ouvriers, qui lui rappellent la pauvreté de son enfance.

En 1936, dans le film *Les temps modernes*, Charlot a bien du mal à s'habituer au côté inhumain et mécanisé du travail en usine.

Puis, au début de la Deuxième Guerre mondiale, Chaplin réalise son premier film parlant. Dans *Le dictateur*, il ridiculise Hitler, le tyran dont la

moustache ressemble à celle de Charlot. Il ose aussi parler de la persécution des Juifs.

En 1943, Charles Spencer Chaplin épouse Oona O'Neill, avec qui il passera le reste de ses jours. À 54 ans, c'est son quatrième mariage.

Il a déjà deux enfants, et en aura huit de plus avec Oona, beaucoup plus jeune que lui.

En 1952, Chaplin et sa petite famille partent en voyage en Angleterre. On refuse à Chaplin un visa de retour aux États-Unis. Il a été mis sur une liste noire.

Parce qu'il se moque des autorités, on dit qu'il représente un danger pour le pays. Il s'installe donc en Suisse, où il vivra jusqu'à sa mort, en 1977.

Les films de Charlie Chaplin ont remporté des prix prestigieux, et son personnage de Charlot a inspiré bien des carrières. Mais, même devenu

une célébrité, Charlie n'a jamais oublié la pauvreté de son enfance et s'est toujours fait un devoir de dénoncer les inégalités.